Stage 1

Arabic Alphabet for Beginners

Trace Write Learn

ب بـ ـبـ ـب

....

This Book Belongs to

TIPS FOR SUCCESS

- This book does not cover different vowel sounds of the Arabic letters. ***Stage 2* Book covers this concept and more.**
- **Practice the Arabic alphabet without introducing the names of objects that start with the letters.** After many months of no progress, I figured my daughter had been memorising the words for each letter without remembering the letter itself. Once I stopped using pictures and names of objects with each letter, she learned her letters and we were able to move on to the next stage.
- There is a chart of the Arabic alphabet with an English pronunciation (approximate) guide. However, the correct sounds are **best learnt** with a native voice (video or in person).
- 5-10 minute sessions that are regular work much better than once a week of 30 minutes.
- Spend at least **three sessions** on each letter before moving on to the next letter. There are three pages per letter.
- In this book, there are **two steps** for each letter:
    1. **The unconnected form of each letter**
    2. **The different forms for each letter** (start, middle and end)
- Print the alphabet chart (*without pronunciations*) and keep it visible until all the Arabic letters are easily recognisable without mistakes.
- Use the Alphabet Cards without English transliteration to check mastery of the letters. Test in random order of the letters. Once the learner has mastered the letters, they are ready to move on to **Stage 2.**

Stage 2 covers:

3. **Each letter in its different forms** (start, middle and end)
4. **Short Vowels & Long Vowels**
5. **The Double Sounds + Saakin + Shaddah** (Double sound as well).
6. **Words** – to practice reading and writing basic Arabic words

Alphabet Chart

(with approximate pronunciations)

ج jeem	ث thaa	ت taa	ب baa	ا alif
ر raa	ذ thaal	د daal	خ khaa	ح haa
ض daad	ص saad	ش sheen	س seen	ز zaa
ف faa	غ ghain	ع ain	ظ thaaa	ط dhaa
ن noon	م meem	ل laam	ك kaaf	ق qaaf
	ي yaa	ء hamza	و waaw	ه ha

Alphabet Chart

ج	ث	ت	ب	ا
ر	ذ	د	خ	ح
ض	ص	ش	س	ز
ف	غ	ع	ظ	ط
ن	م	ل	ك	ق
	ي	ء	و	ه

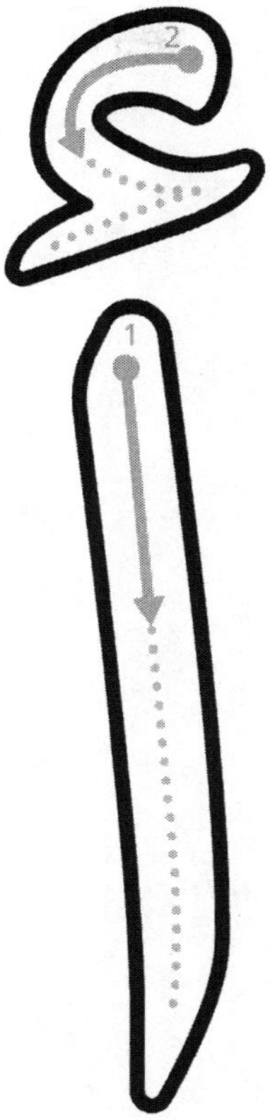

أ

أ

أ

أ

Most Arabic letters change form depending on their spot in a word.

Start

أ

أ

أ

Middle

ـأ

ـأ

ـأ

End

ـا

ـى

ـى

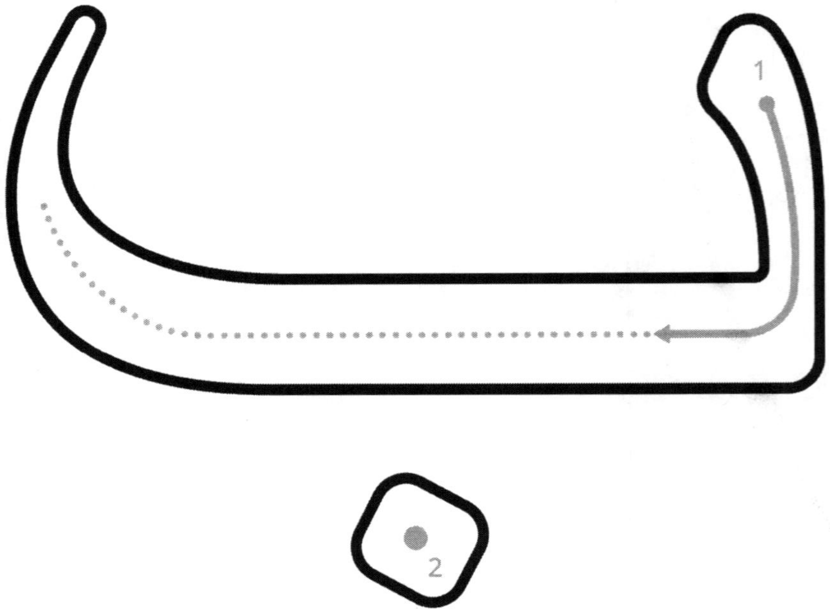

ب

ب

ب

ب

ب

ب

ب

ب

ب

ب

ب

ب

ب

ب

ب

بـ

بـ بـ بـ بـ

بـ

بـ

ـبـ

ـبـ ـبـ ـبـ ـبـ

ـبـ

ـبـ

ـب

ـب ـب ـب ـب

ـب

ـب

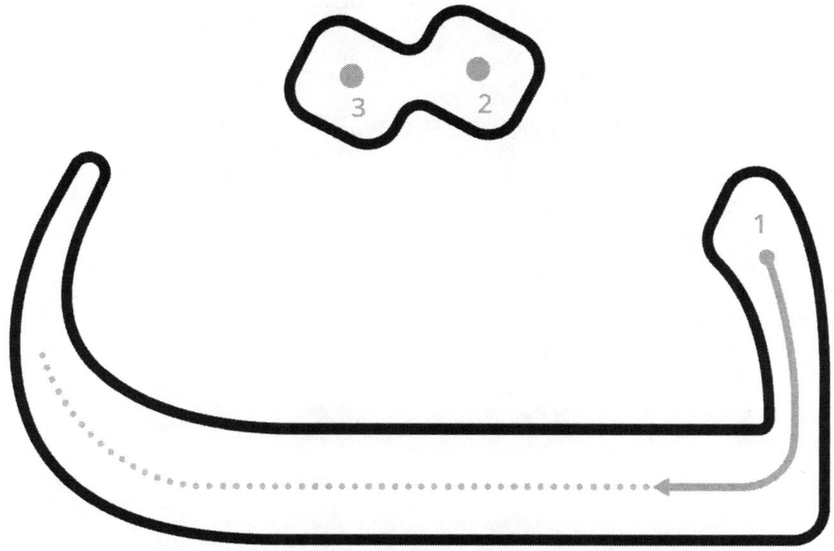

ت

ت

ت

ت

ت ت ت ت ت ت ت

ت ت ت ت ت ت ت

ت ت ت ت ت ت ت

ت

ت

ت

ت

ت

ت

ت

ت

تـ

تـ تـ تـ تـ

تـ

تـ

ـتـ

ـتـ ـتـ ـتـ ـتـ

ـتـ

ـتـ

ـت

ـت ـت ـت ـت

ـة ـة ـة ـة

ة ة ة ة

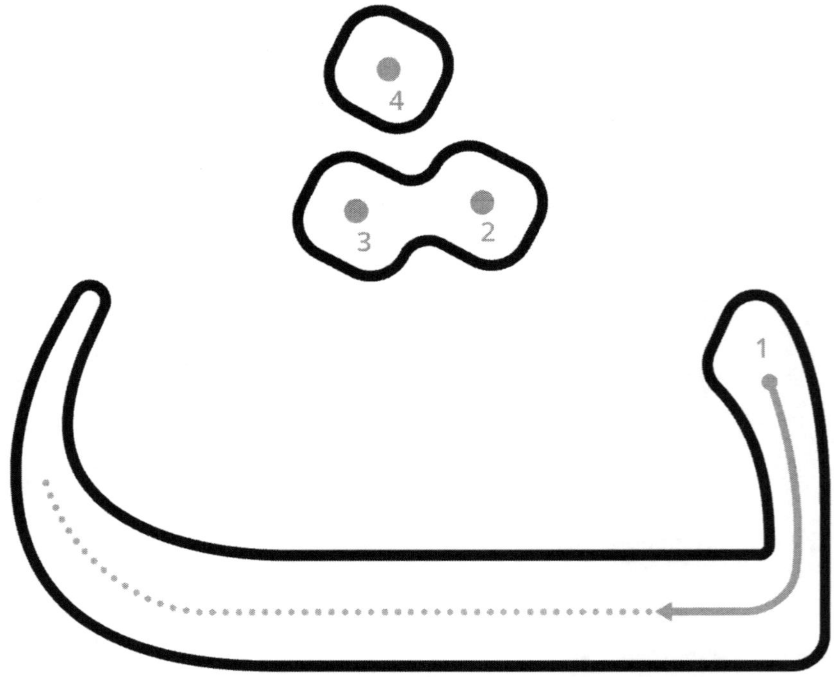

ث

ث

ث

ث

ث ث ث ث ث ث ث

ث ث ث ث ث ث ث

ث ث ث ث ث ث ث

ث

ث

ث

ث

ث

ث

ث

ث

ثـ

ثـ

ثـ

ـثـ

ـثـ

ـثـ

ـث

ـث

ـث

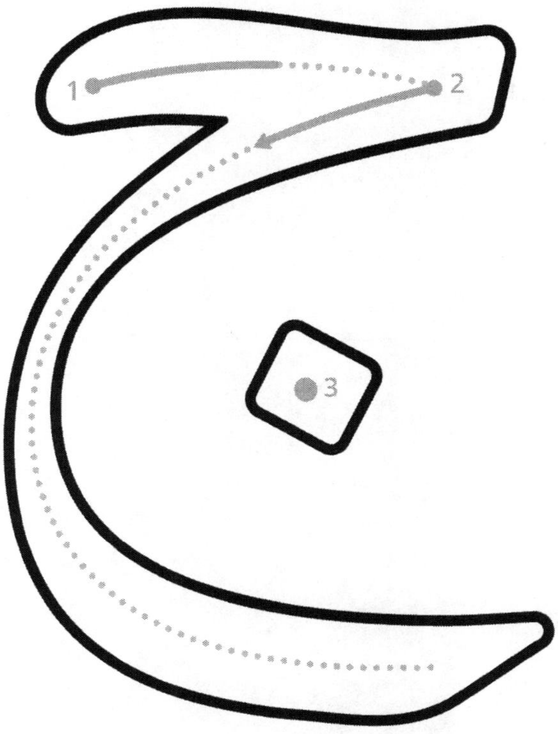

ج

ج

ج

ج

ج ج ج ج ج ج ج

ج ج ج ج ج ج ج

ج ج ج ج ج ج ج

ج

ج

ج

ج

ج

ج

ج

ج

جـ

جـ

جـ

جـ

ـجـ

ـجـ

ـجـ

ـجـ

ـج

ـج

ـج

ـج

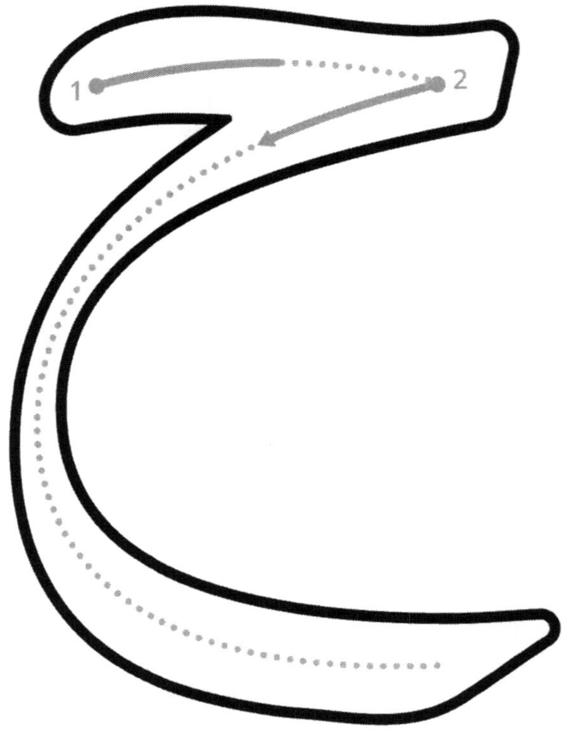

ح

ح

ح

ح

ح ح ح ح ح ح ح

ح ح ح ح ح ح ح

ح ح ح ح ح ح ح

ح

ح

ح

ح

ح

ح

ح

ح

حـ

حـ

حـ

ـحـ

ـحـ

ـحـ

ـح

ـح

ـح

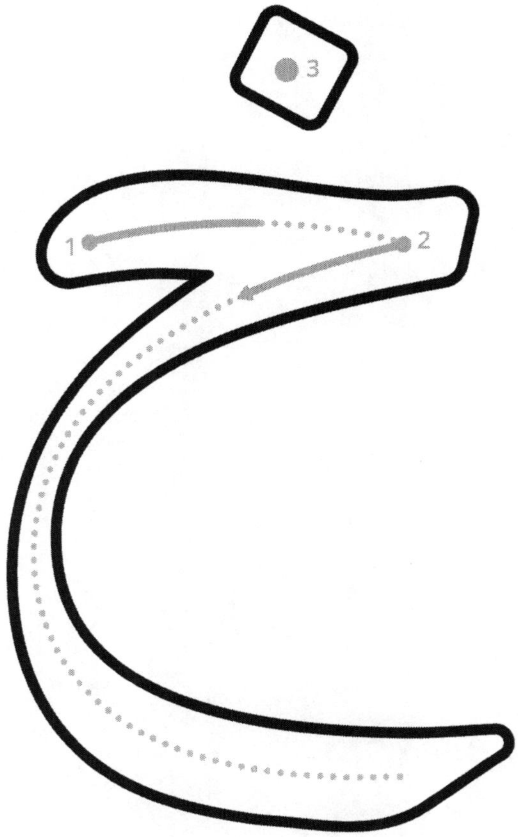

خ

خ

خ

خ

خ خ خ خ خ خ خ

خ خ خ خ خ خ خ

خ خ خ خ خ خ خ

خ

خ

خ

خ

خ

خ

خ

خ

ـخ

ـخ

ـخ

ـخـ

ـخـ

ـخـ

خـ

خـ

خـ

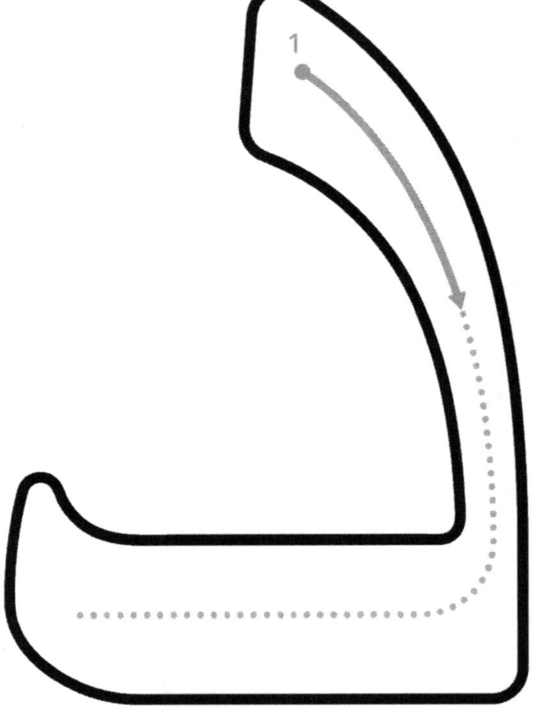

د

د

د

د

د د د د د د د

د د د د د د د

د د د د د د د

د

د

د

د

د

د

د

د

د

د د د د

د

د

ـد

ـد ـد ـد ـد

ـد

ـد

ـد

ـد ـد ـد ـد

ـد

ـد

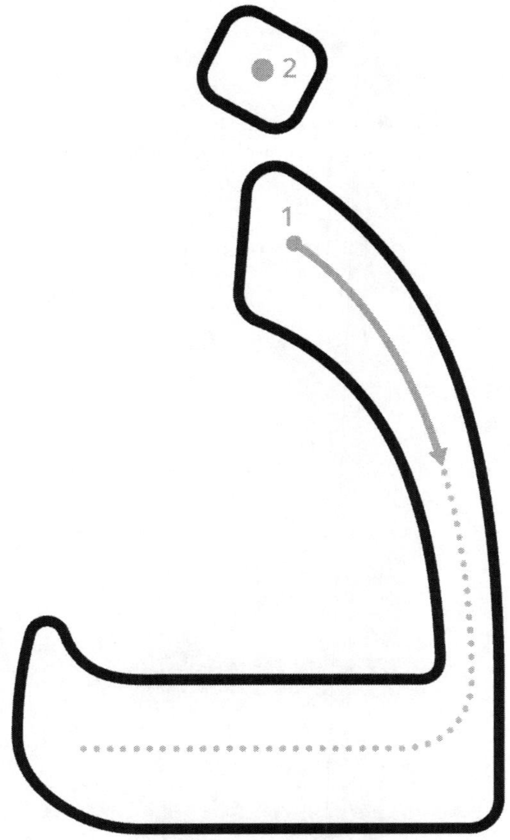

ذ

ذ

ذ

ذ

ذ ذ ذ ذ ذ ذ ذ

ذ ذ ذ ذ ذ ذ ذ

ذ ذ ذ ذ ذ ذ ذ

ذ

ذ

ذ

ذ

ذ

ذ

ذ

ذ

ذ

ذ

ذ

ذ

ـذ

ذ

ذ

ذ

ـذ

ذ

ذ

ذ

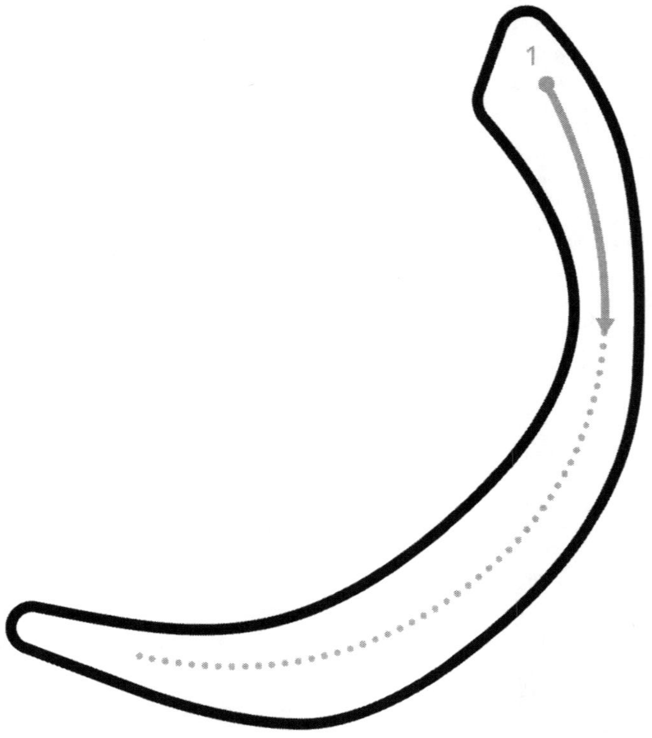
1

ر ر ر ر ر ر ر

ر ر ر ر ر ر ر

ر ر ر ر ر ر ر

ر

ر

ر

ر

ر

ر

ر

ر

ر

ر

ر

ـر

ـر

ـر

ـر

ـر

ـر

ـر

ـر

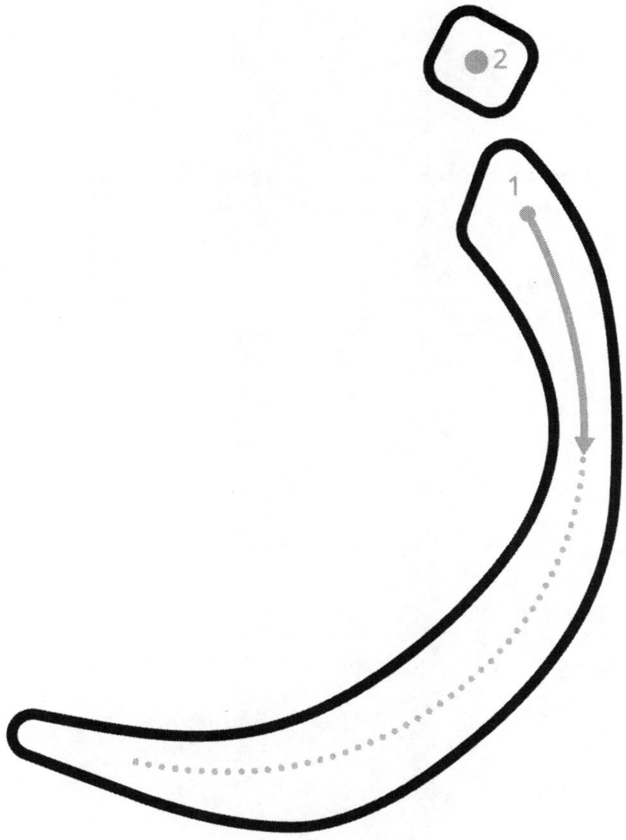

ز

ز

ز

ز

ز ز ز ز ز ز ز

ز ز ز ز ز ز ز

ز ز ز ز ز ز ز

ز

ز

ز

ز

ز

ز

ز

ز

ز

ز ز ز ز

ز

ز

ـز

ز ـز ـز ـز

ز

ز

ـز

ز ـز ـز ـز

ز

ز

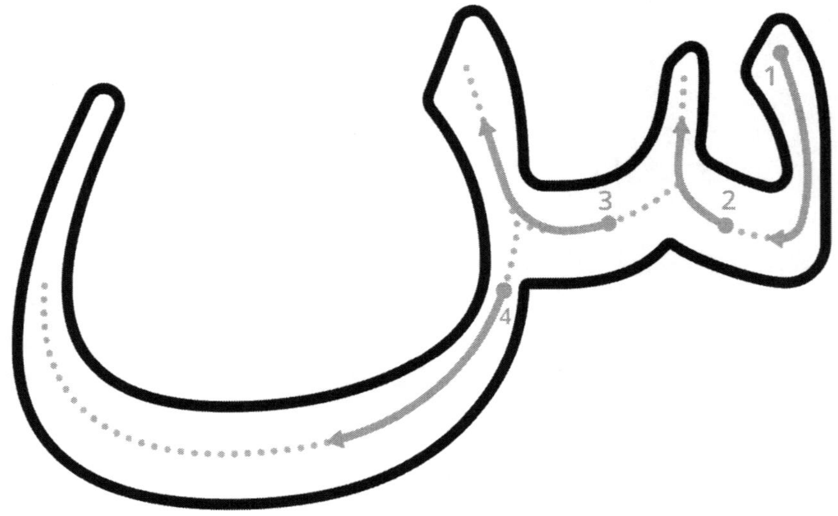

س

س

س

س

س

س

س

س

س

س

س

س

س

س

س

سـ

سـ

سـ

سـ

ـسـ

ـسـ

ـسـ

ـسـ

ـس

ـس

ـس

ـس

ش

ش

ش

ش

ش ش ش ش ش ش ش

ش ش ش ش ش ش ش

ش ش ش ش ش ش ش

ش

ش

ش

ش

ش

ش

ش

ش

شـ

شـ شـ شـ شـ

شـ

شـ

ـشـ

ـشـ ـشـ ـشـ ـشـ

ـشـ

ـشـ

ـش

ـش ـش ـش ـش

ـش

ـش

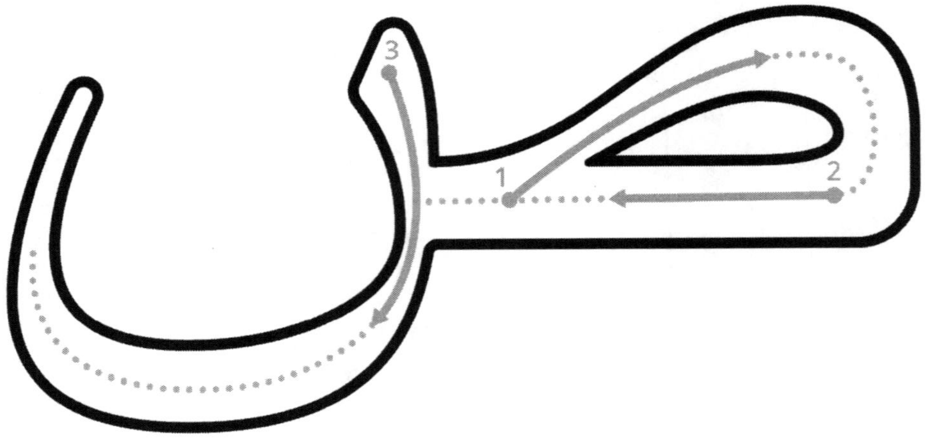

ص

ص

ص

ص

ص ص ص ص ص ص ص
ص ص ص ص ص ص ص
ص ص ص ص ص ص ص
ص
ص
ص
ص
ص
ص
ص

صـ

صـ

صـ

صـ

ـصـ

ـصـ

ـصـ

ـص

ـص

ـص

ـص

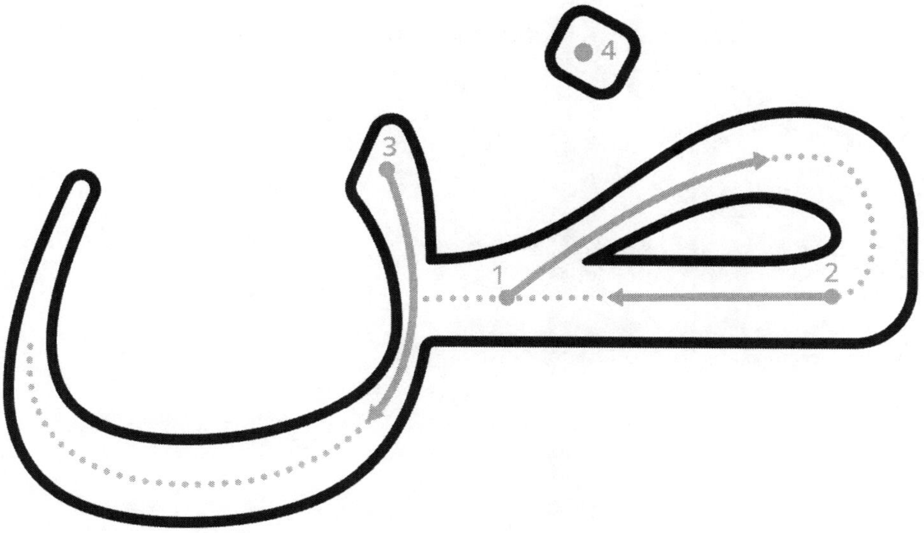

ض

ض

ض

ض

ض ض ض ض ض ض ض

ض ض ض ض ض ض ض

ض ض ض ض ض ض ض

ض

ض

ض

ض

ض

ض

ض

ض

ضـ

ضـ

ضـ

ضـ

ـضـ

ـضـ

ـضـ

ـضـ

ـض

ـض

ـض

ـض

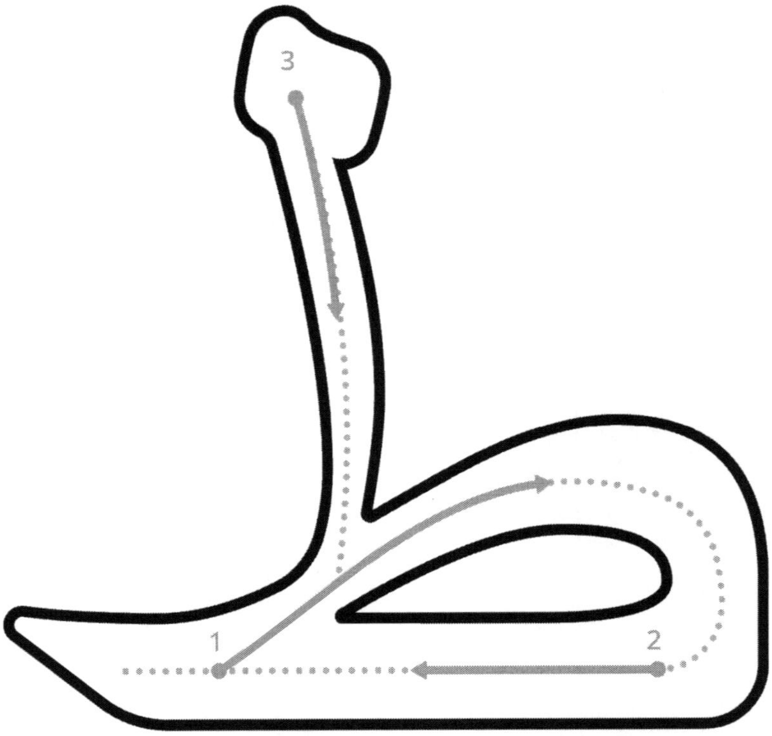

ط ط ط ط ط ط

ط ط ط ط ط ط

ط ط ط ط ط ط

ط ط ط ط ط ط

ط ط ط ط ط ط ط

ط ط ط ط ط ط ط

ط ط ط ط ط ط ط

ط

ط

ط

ط

ط

ط

ط

ط

ـط

ط

ط

ط

ـطـ

ـطـ

ـطـ

ـطـ

طـ

طـ

طـ

طـ

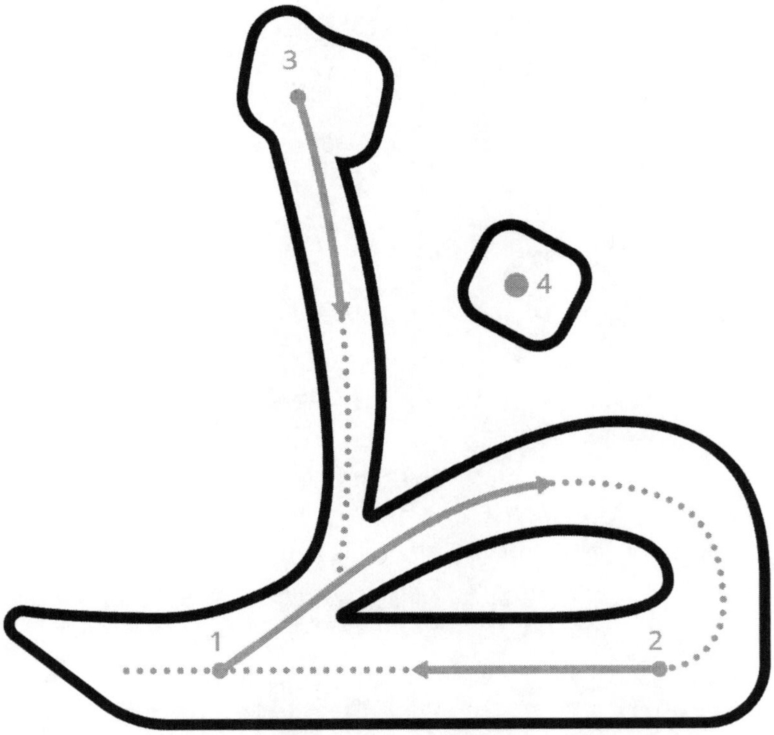

ظ ظ ظ ظ ظ ظ

ظ ظ ظ ظ ظ ظ

ظ ظ ظ ظ ظ ظ

ظ ظ ظ ظ ظ ظ

ظ

ظ

ظ

ظ

ظ

ظ

ظ

ظ

ظ

ظ

ظ

ـظ

ظ

ظ

ظ

ـظـ

ظ

ظ

ظ

ظـ

ظ

ظ

ظ

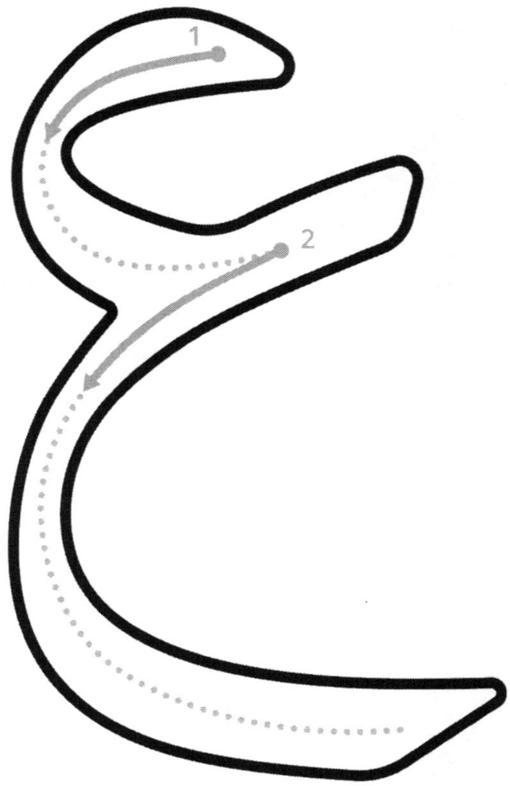

ع

ع

ع

ع

ع ع ع ع ع ع ع

ع ع ع ع ع ع ع

ع ع ع ع ع ع ع

ع

ع

ع

ع

ع

ع

ع

عـ

عـ عـ عـ عـ

عـ

عـ

ـعـ

ـعـ ـعـ ـعـ ـعـ

ـعـ

ـعـ

ـع

ع ـع ـع ـع

ع

ع

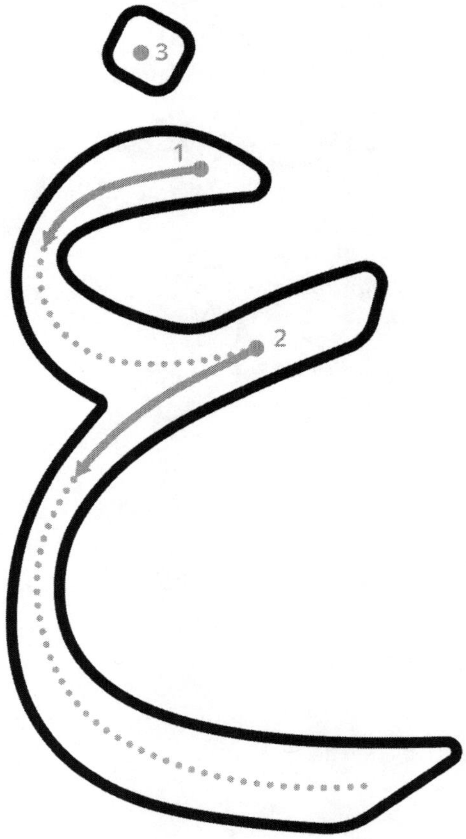

غ

غ

غ

غ

غ
غ
غ
غ
غ
غ
غ
غ
غ
غ
غ

ـغ

ـغ ـغ ـغ ـغ ـغ ـغ

ـغ

ـغ

ـغـ

ـغـ ـغـ ـغـ ـغـ ـغـ ـغـ

ـغـ

ـغـ

غـ

غـ غـ غـ غـ غـ غـ

غـ

غـ

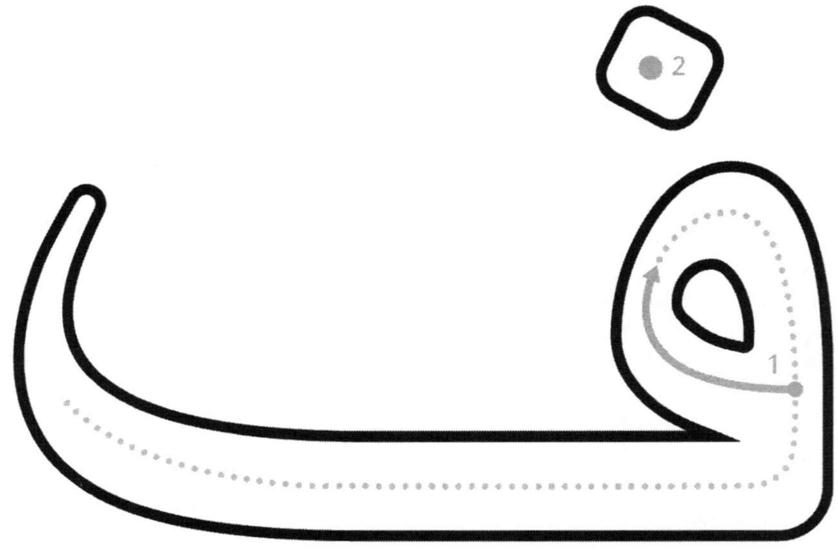

ف

ف

ف

ف

ف ف ف ف ف ف ف

ف ف ف ف ف ف ف

ف ف ف ف ف ف ف

ف

ف

ف

ف

ف

ف

ف

ف

فـ

فـ

فـ

فـ

ـفـ

ـفـ

ـفـ

ـفـ

ـف

ـف

ـف

ـف

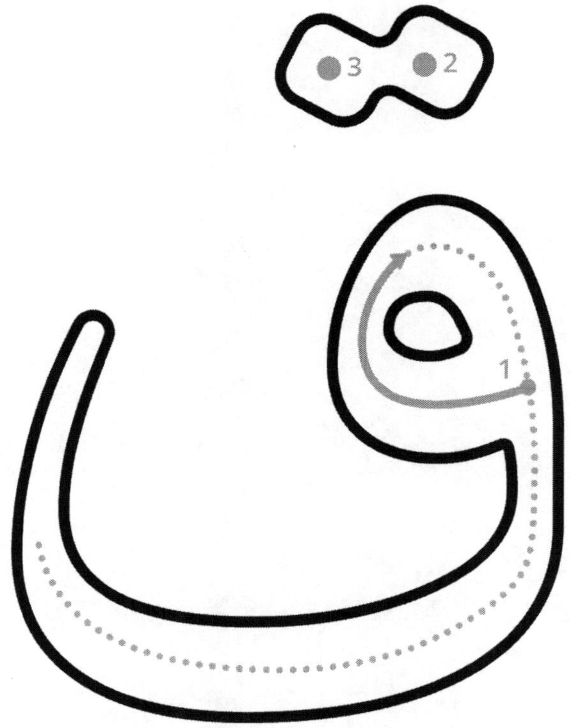

ق

ق

ق

ق

ق ق ق ق ق ق ق
ق ق ق ق ق ق ق
ق ق ق ق ق ق ق
ق
ق
ق
ق
ق
ق
ق
ق

قـ

قـ قـ قـ قـ

قـ

قـ

ـقـ

ـقـ ـقـ ـقـ ـقـ

ـقـ

ـقـ

ـق

ـق ـق ـق ـق

ـق

ـق

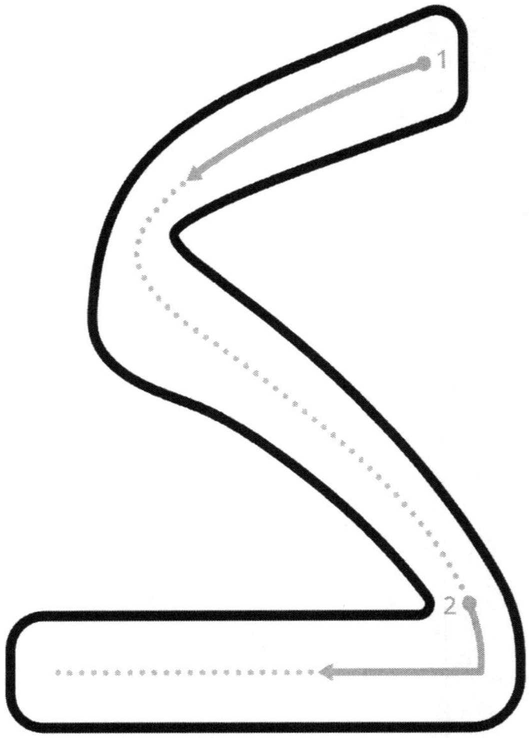
1
2

ك ك ك ك ك ك ك

ك ك ك ك ك ك ك

ك ك ك ك ك ك ك

ك

ك

ك

ك

ك

ك

ك

ك

كـ

كـ

كـ

كـ

ـكـ

ـكـ

ـكـ

ـكـ

ـك

ـك

ـك

ـك

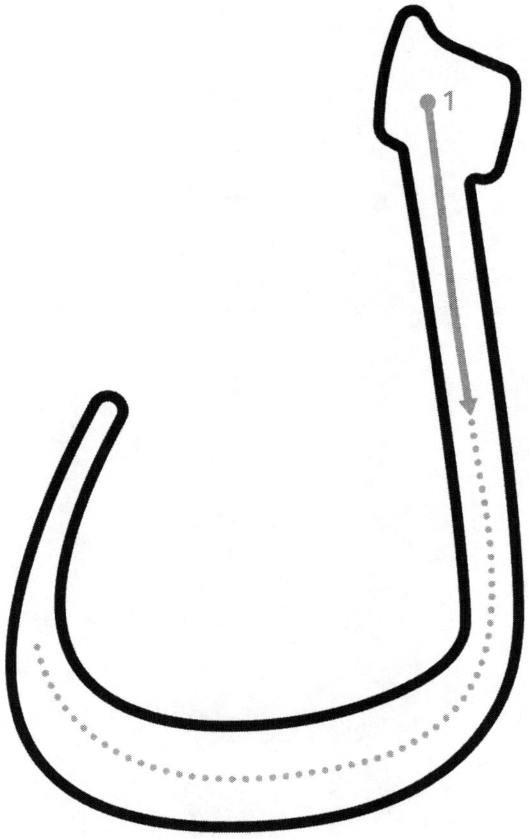

ل

ل

ل

ل

ل ل ل ل ل ل ل

ل ل ل ل ل ل ل

ل ل ل ل ل ل ل

ل

ل

ل

ل

ل

ل

ل

ل

لـ

لـ

لـ

لـ

ـلـ

ـلـ

ـلـ

ـلـ

ـل

ـل

ـل

ـل

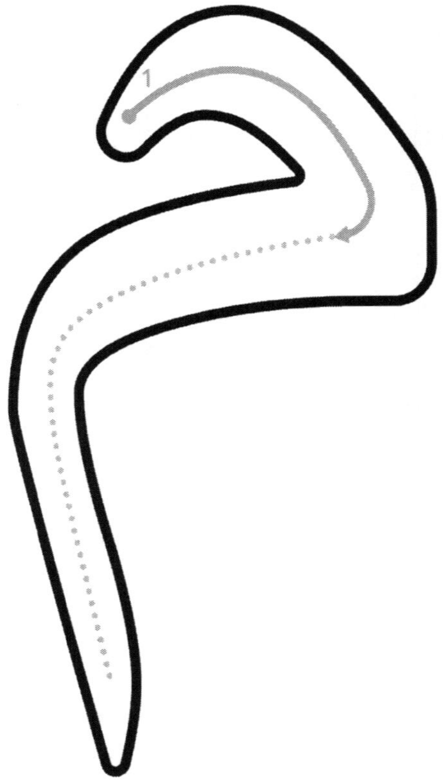

م

م

م

م

م م م م م م م

م م م م م م م

م م م م م م م

م

م

م

م

م

م

م

م

ـم

ـم

ـم

ـمـ

ـمـ

ـمـ

مـ

مـ

مـ

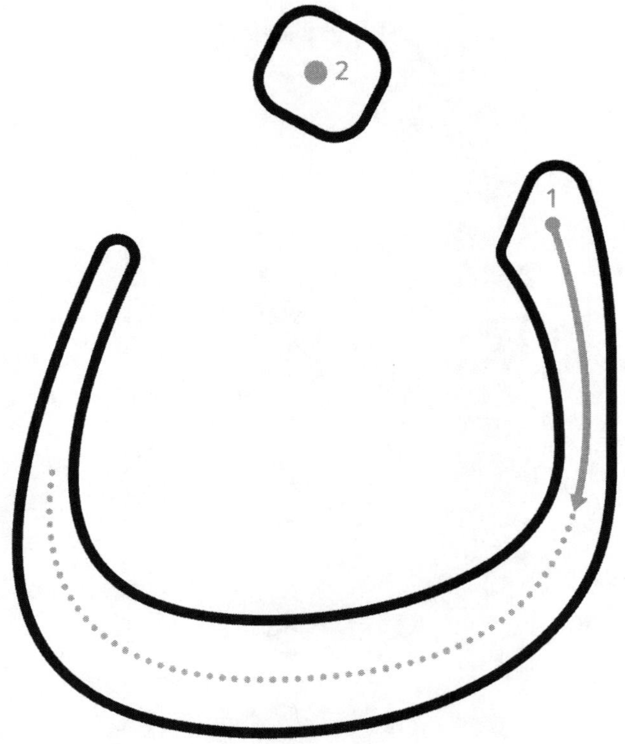

ن

ن

ن

ن

ن ن ن ن ن ن ن
ن ن ن ن ن ن ن
ن ن ن ن ن ن ن
ن
ن
ن
ن
ن
ن
ن
ن

نـ

نـ نـ نـ نـ

نـ

نـ

ـنـ

ـنـ ـنـ ـنـ ـنـ

ـنـ

ـنـ

ـن

ـن ـن ـن ـن

ـن

ـن

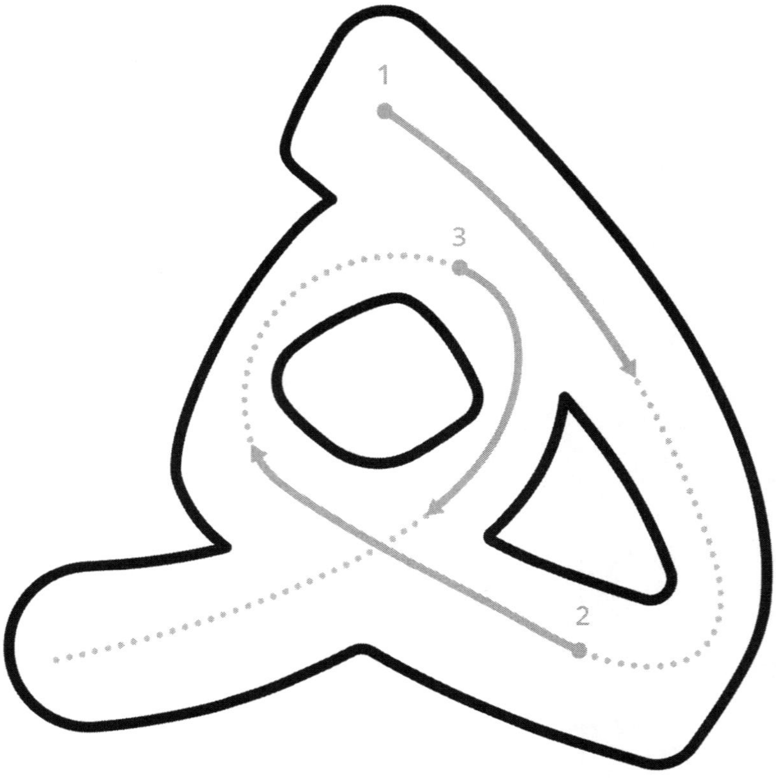
1
2
3

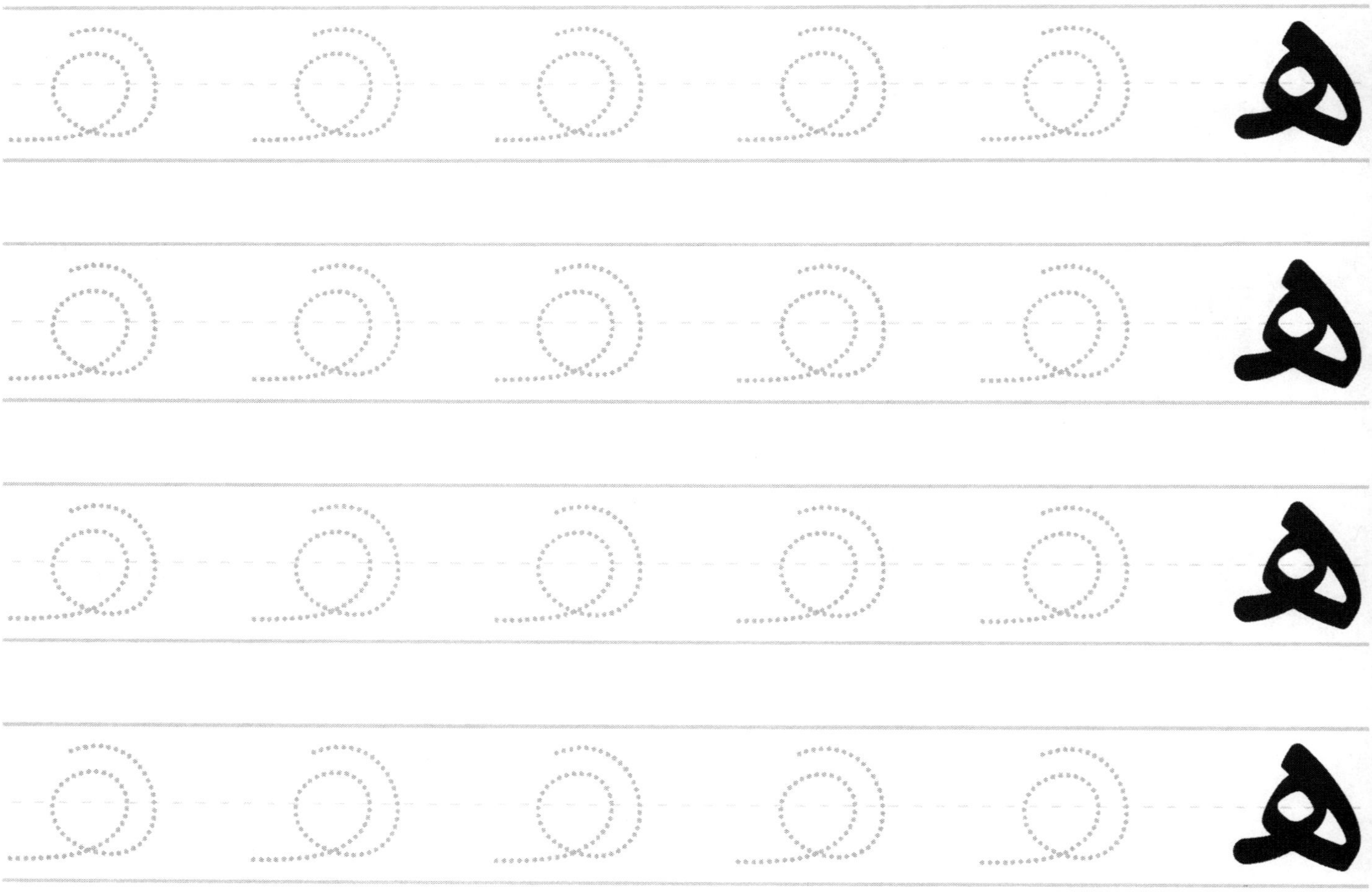

ه ه ه ه ه ه ه

ه ه ه ه ه ه ه

ه ه ه ه ه ه ه

ه

ه

ه

ه

ه

ه

ه

ه

ـه

ـه

ـه

ـه

ـهـ

ـهـ

ـهـ

ـهـ

ه

ه

هـ

هـ

هـ

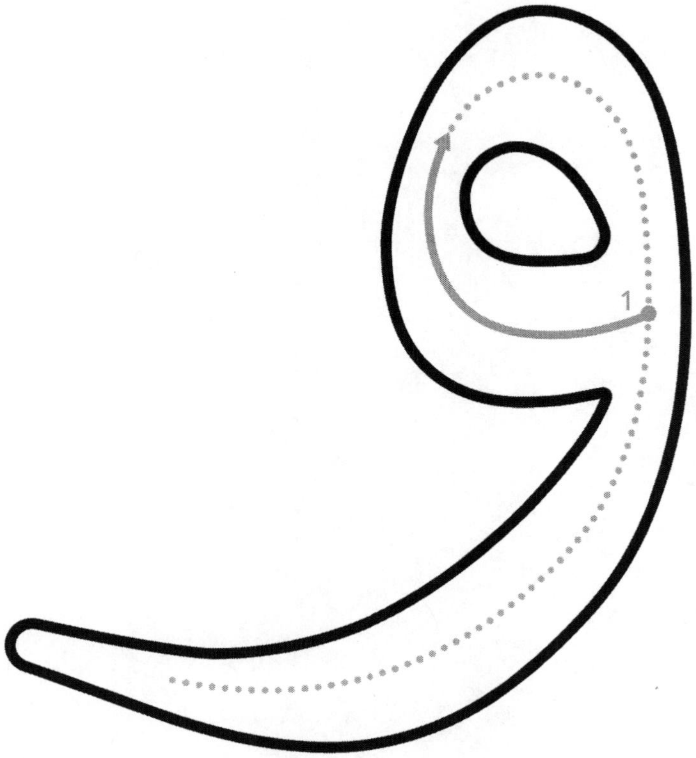

و

و

و

و

و و و و و و و

و و و و و و و

و و و و و و و

و

و

و

و

و

و

و

و

و

و و و و
و
و

ـو

ـو ـو ـو ـو
ـو
ـو

ـو

ـو ـو ـو ـو
ـو
ـو

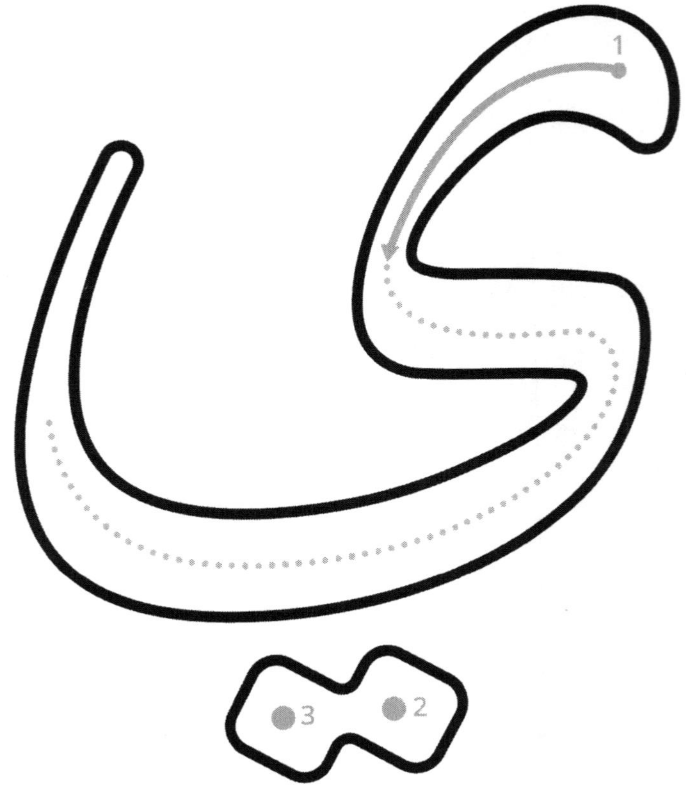

ي

ي

ي

ي

ي

ي

ي

ي

ي

ي

ي

ي

ي

ي

ي

يـ

يـ

يـ

يـ

ـيـ

ـيـ

ـيـ

ـيـ

ـي

ـي

ـي

ـي

Thank You

Thank you for buying my ***Stage 1 Arabic Workbook*** to help you or your loved one learn to read and write Arabic.

As a small indie publisher, I am truly grateful for the chance to make a difference in your Arabic learning journey.

If you have 60 seconds, I would appreciate your honest feedback. It helps me reach out to others like you, and I would love to hear about your experience with my book!

If you have questions please reach out to me.

Steps to leave your feedback:

1. Open your camera app
2. Point your device at the QR code below
3. The review page will appear in your web browser

Lots of love & learning!
Yasmin Hussein

seedsofihsaan.com

Arabic Numbers 0–24

٤ 4	٣ 3	٢ 2	١ 1	٠ 0
٩ 9	٨ 8	٧ 7	٦ 6	٥ 5
١٤ 14	١٣ 13	١٢ 12	١١ 11	١٠ 10
١٩ 19	١٨ 18	١٧ 17	١٦ 16	١٥ 15
٢٤ 24	٢٣ 23	٢٢ 22	٢١ 21	٢٠ 20

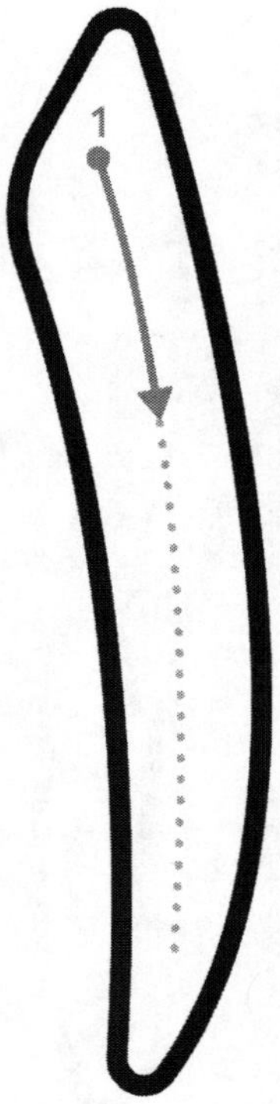

ا

ا

ا

ا

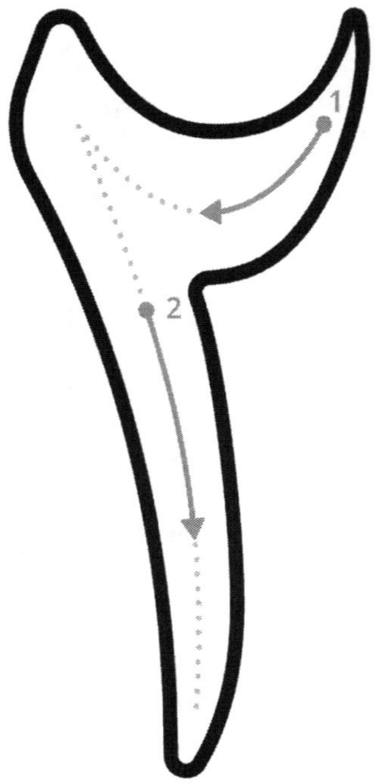

٢

٢

٢

٢

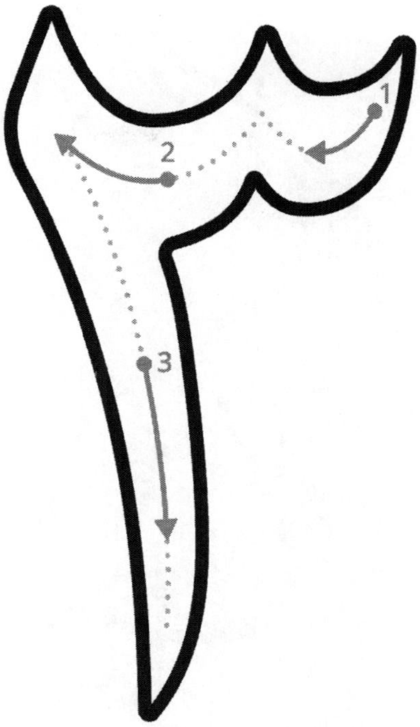

٣

٣

٣

٣

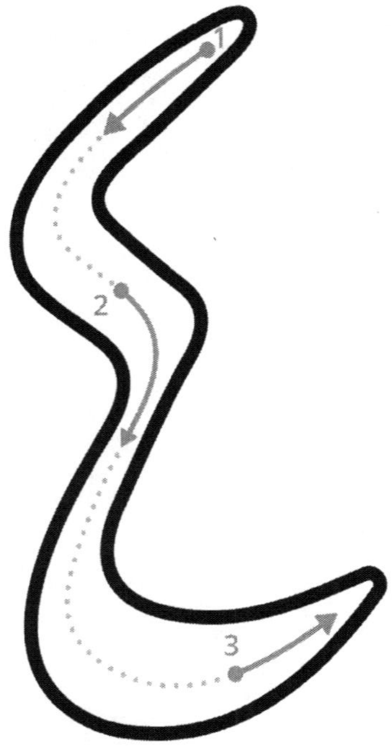

٤

٤

٤

٤

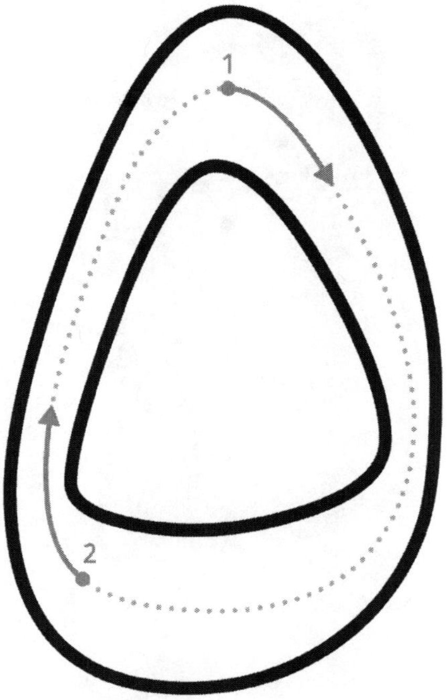
1
2

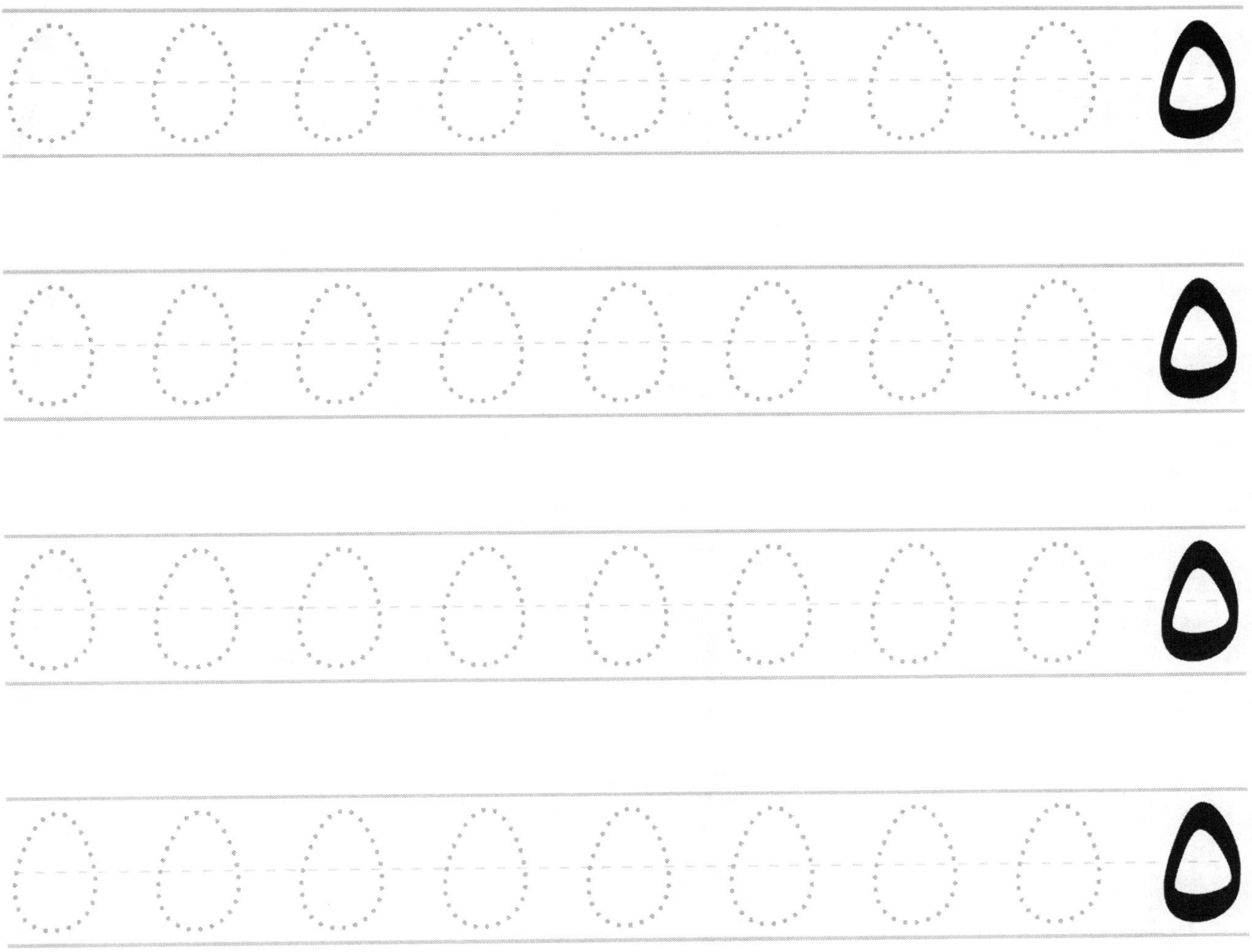

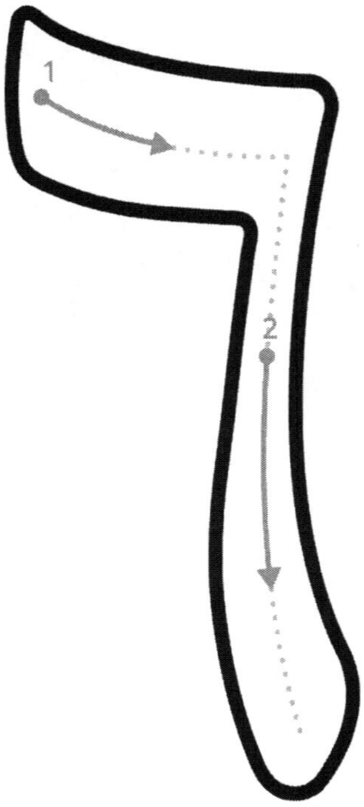

٦

٦

٦

٦

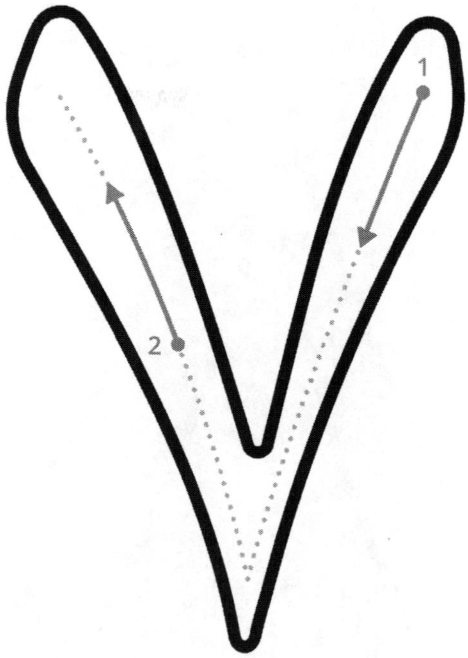

٧

٧

٧

٧

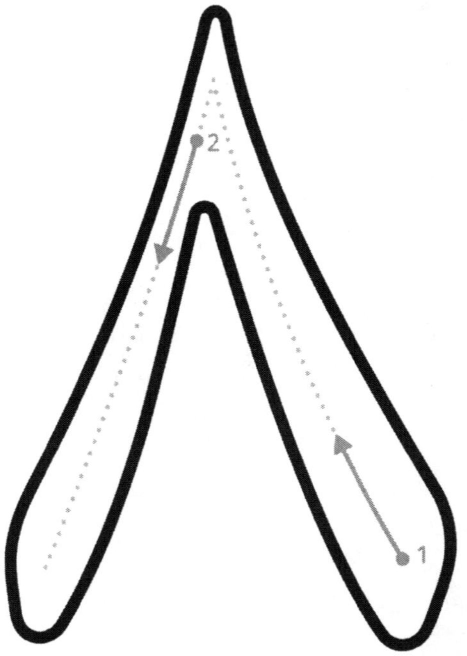
2
1

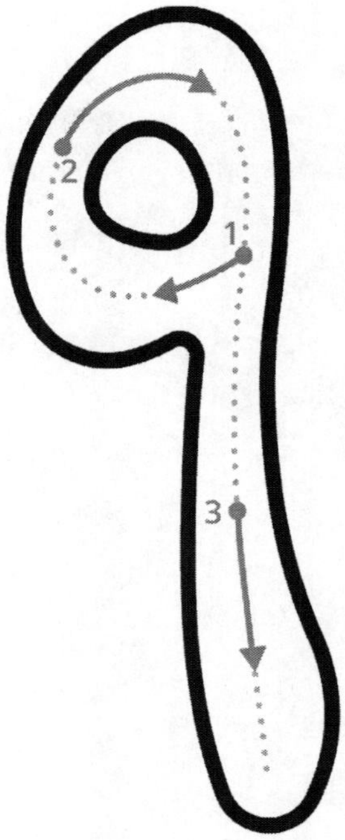

٩

٩

٩

٩

FROM THE AUTHOR

I have started my homeschooling journey in 2016 when my firstborn was four. Over the past eight years of homeschooling, I taught my children how to read and write Arabic. Along the way, I gained valuable insights into the journey's challenges and simplicities.

Because of my experience, I can make the steps of learning to read and write Arabic simple and logical.

Sharing my efforts and ideas about various aspects of homeschooling is something I truly enjoy.

I also have an undergraduate degree in psychology and a postgraduate degree in education.

I invite you and your family to be part of this adventure of learning and growing together.

Lots of love & learning!
Yasmin Hussein

Thank You

Thank you for buying my ***Stage 1 Arabic Workbook*** to help you or your loved one learn to read and write Arabic.

As a small indie publisher, I am truly grateful for the chance to make a difference in your Arabic learning journey.

If you have 60 seconds, I would appreciate your honest feedback. It helps me reach out to others like you, and I would love to hear about your experience with my book!

If you have questions please reach out to me.

Steps to leave your feedback:

1. Open your camera app
2. Point your device at the QR code below
3. The review page will appear in your web browser

Lots of love & learning!

Yasmin Hussein

seedsofihsaan.com

Made in the USA
Middletown, DE
27 December 2024

68307031R00057